DE LA GUERRE

CONTRE

L'ESPAGNE,

IMPERET BELLANTE PRIOR , JACENTEM
LENIS IN HOSTEM. .... Horace.

Par le C. BARBAULT-ROYER.

A PARIS.

Chez BAILLY , rue Saint-Honoré , Barrière
des Sergens.

OBSERVATIONS

SUR

L'ESPAGNE,

LA République a une longue querelle à
terminer avec la Cour d'Espagne ; la cause de
ses ressentimens est connue, & la justice con-
duira sa pénible vengeance. Ses premières plain-
tes furent excitées par la protection constante
que la Castille accordoit aux ennemis de ses
principes, dont le ministère favorisa hautement
les cabales perfides. Le but funeste de leur asso-
ciation tendoit à troubler nos Provinces, à
affoiblir la discipline, à semer les disputes, à
agiter nos Cités. Nous sommes témoins de
cette ligue insensée contre un Ministre vertueux,
persécuté pour avoir applaudi aux efforts d'un

A

peuple libre , & obligé de céder à un jeune
courtifan une place où fon génie s'étoit fignalé
tant de fois. Le civifme s'eft indigné des lon-
gues manœuvres de cette Cour, & fur-tout
de fa conduite équivoque , plus défaftreufe
que la haîne & les confpirations publiques.
Mais il eft d'autres infultes qui follicitent de
grandes réparations; ce font les vexations odieu-
fes que nos frères ont éprouvées dans cette con-
trée. La France avoit à peine recouvré fes droits,
lorfqu'un ferment impie fut propofé à ces Citoyens paifibles. Le Gouvernement leur enjoi-
gnoit de rompre tous les nœuds qui les lioient
à la Patrie , de reconnoître le Monarque Efpagnol pour leur Souverain , ou de délivrer de
leur préfence , une terre fainte & pure. Ces
hommes généreux n'héfitèrent point entre la
ruine de leurs efpérances & le ferment fatal.
Ils donnèrent à l'Efpagne l'exemple touchant
de toutes les vertus des hommes libres ; cette
cédule inique que Florida Blanca avoit fabriquée
comme l'anathême fanglant dont il vouloit frap-
per un peuple qu'il haïffoit , fervoit de prétexte
aux outrages qui accablèrent fi longtems des
François. Les noirs familiers de l'inquifition
leur faifoient un crime du gefte , du figne & des
moindres actions , & tout-à-coup les cachots

fe refermoient fur eux ; on les accufoit , & les Magiftrats leurs dénioient la juftice. Le fana-tifme s'armoit de glaives & les pourfuivoit ; cette perfécution horrible ne trouva un terme que dans l'intérêt même du Peuple. Les labou-reurs de l'Auvergne , & une partie des Artifans ne pouvant accéder à un traité fi honteux , aimè-rent mieux quitter cette terre oppreffive , que de renoncer aux droits précieux que leur offroit la Patrie. Ils partoient tous , fecouant la pouf-fière de leurs pieds. La Cour fentit alors le dan-ger éminent de ces émigrations , & fa politique humiliée leva la cédule. Les infultes parurent ceffer , & nos frères refpirèrent un moment.

Lorfque les divifions boulversèrent les Colo-nies , des amis de la Patrie fuivoient en filence les mouvemens de l'Efpagne dans ces diffen-tions civiles , & la République fait aujourd'hui la part active qu'eurent fes agens dans ces fatales agitations ; ce n'étoit point la caufe des fauteurs de la tyrannie qu'elle embraffoit : voici ce qui dirigeoit fa politique aftucieufe. Dans cette coa-lition des Puiffances indignées , qui s'armant contre la France , fe payoient déjà de leurs efforts par le démembrement de fes provinces , le miniftère Efpagnol , au fond des mers , loin de l'œil des Patriotes , établiffoit fa fortune , fur

la ruine de nos poffeffions maritimes ; depuis
longtems , il convoitoit les plaines pompeufe-
ment parées , & les Cités opulentes de Saint-
Domingue ; l'activité des Français , l'étendue
& la profpérité de leur commerce , leur puiffance & leur nouveau fyftême fi effrayant pour
les defpotes lenr faifoit envifager ces Français
comme les plus terribles voifins. Ce fut au
moins une occafion pour revendiquer ce terri-
toire qu'ils regardoient comme partie de leur
domaine exclufif. Souverains de toutes les
terres placées derrière la ligne du Pontife ,
jamais ils n'avoient pû fe déguifer ces abfurdes
prétentions. L'Efpagne profita de nos momens
de trouble & dans les projets perfides que vingt
defpotes méditoient pour la deftruction d'un
peuple qui ne demandoit que la juftice ;
elle fomenta ces divifions cruelles qui firent
périr des milliers de Citoyens. Les preuves mul_
tipliées de ces cabales font notoires & évidentes.
Quoique les rébelles de France euffent étendu
fur ces parages, la trame des complots dont
le fil aboutiffoit à la métropole ; l'Efpagne
ne favorifa jamais ce parti , fidèle dans ses
plans , elle foutint les Africains ; elle encou-
ragea ceux-ci, pour affoiblir ceux-là , & enfuite
les opprimer tous deux. Dans l'efpace de peu,

de temps fe déploya fous ces climats , tout ce que l'égarement produit de plus atroce. Les campagnes ravagées , les plantations détruites jufque dans leurs efpérances , les villes difpa- raiffant fous les flâmes , cette terre fi riche de fes produ&ions, ne préfentant plus que des ruines hydeuses , teintes du fang de nos frères.

Ces procédés cruels ont irrité la République , et fa jeuneffe a couru aux armes: examinons avec impartialité quels font les moyens que l'Ef- pagne peut oppofer à nos efforts , & fi par une force fupérieure ou impofante , elle peut juftifier fes infultes & fes provocations.

On porte la quotité de fes forces militaires à 90 mille hommes; j'y comprends la Cavalerie & les Milices ; mais par des notions exactes, l'Infanterie qu'on affure de plus de 40 mille hommes n'en peut offrir que 24 mille de difpo- nibles. Le Roi tient en ce moment 11 mille hommes en Catalogne ; & du côté de Bayonne 9000 ; c'eft à peine de quoi couvrir la frontière. Le refte des troupes réglées eft reparti dans l'in- térieur & fur les côtes; Quatre Bataillons reftent à Madrid pour veiller à fa défenfe. La plupart de ces Régimens ne font point au complet, en fuppofant que l'Efpagne pût réfifter a une maffe de 40,000 hommes févèrement difciplinés , de-

quels moyens uferoit-elle pour protéger fes poffeffions lointaines , fi les torches de la guerre
alloit les éclairer. Le Roi de Maroc, fon en-
nemi naturel commenceroit par faifir les momens & tomberoit fur fes Préfides. Des troupes feroient ici néceffaires pour fufpendre fa
marche & foutenir le commerce national. Pre-
mier affoibliffement ; combien de légions ne
faudroit-il pas folder pour environner fes Amé-
riques qui comprennent un Continent. Quand
le Gouvernement auroit mis hors d'atteinte fes
places de la Tingitane , fes nombreufes Cités
du Pérou , les contrées fans fin des deux Mexi-
ques , & fes Antilles & fa Guyane , n'a-t-elle
point des Soldats à fournir à fes vaftes poffeffions
d'Afie , aux Philippines dont l'étendue égale
tout-à-la-fois la France, l'Efpagne , l'Italie ;
mais, ces Philippines font fous le regard de l'An-
glois, de ce formidable Roi de l'Afie , il les dé-
vore depuis longtemps, le moindre prétexte fuffit
pour qu'il aille y planter fes pavillons. Ce fu-
perbe maître ne veut pas d'un rival : ainfi,
vingt Soldats de plus à Luçon, réveilleroient
l'ambition inquiète de ces marchands. L'efpagne
pour s'éviter de nouveaux embarras , ne peut
donc faire autrement que de laiffer fes Philippines découvertes, & par conféquent courir le

rifque de perdre ce précieux domaine ; péril
inévitable où nous jette l'ambition démefurée
& l'orgueil infatiable de vouloir être comme le
Turc , le plus grand propriétaire de l'Univers.

Qu'on ne foit plus étonné des irréfolutions
& de la conduite toujours indécife du cabinet
de Madrid ; de fon incertitude éternelle au
milieu de l'active combinaifon des autres Cours
& de fes froides lenteurs oppofées à l'ardeur
furprenante qui enfantoit & les traités , & les
alliances & les *conclusum* & les manifeftes.
Cette couronne foible par l'excès de fa puiffance, & pauvre au milieu de fes innombrables
reffources, mûrit longtems fes réflexions , épie
avec foin les circonftances , marche à pas tardifs
dans fes raifonnemens , & trouve enfin après
fes longs examens qu'elle a toujours plus à
perdre qu'a gagner.

L'on dit fa Cavalerie l'une des plus belles
de l'Europe : je ne doute pas qu'elle ne foit
bien montée ; l'Efpagne a des haras qui produi-
fent de fuperbes élèves ; mais ces chevaux ,
dans les climats qui avoifinent l'équateur, font
abîmés par le peu de fatigue ; réellement foibles,
ils n'ont que l'apparence de la force ; fi leur
afpect eft admirable dans la parade , l'éclat eft
inutile dans les combats. Avec quels efforts

A 4

pénibles ces animaux graviroient-ils la hauteur
efcarpée des Pyrenées , les monts tortueux du
Guadarama , les Sierra redoutables de la Morena,
avec quei avantage on les attaqueroit à la
defcente de ces montagnes; cette Cavalerie forme
en tout 20,000 hommes , mal vêtus , mal armés
& de très mauvaife mine : cependant le Gouvernement ne trouveroit à mettre en activité
que 10,000 chevaux , car en Efpagne les chofes
ne font pas comme on les dit , mais comme
elles pourroient être.

Outre cette troupe réglée , nous comptons
de nombreufes milices , qui , l'efpoir de la
Caftille, ne laifferoient pas de pouvoir être fur-
montées : elles font compofées de payfans exercés qui , en temps de paix , vaquent à leurs
affaires , & dans la guerre font le fervice des
garnifons , où marchent avec les Régimens. Le
Roi compte beaucoup fur ce corps : il eft vrai
que ce font des hommes intrépides qui , dans
les périls de la guerre lient leur caufe à la
fienne , qui tiennent à des intérêts plus puiffans
que des troupes mercenaires , des citoyens
enfin , qui ne calculant point les raifons qui
ont troublé la paix , combattent aveuglement
pour la Patrie & leurs propriétés.

La Marine cède encore à l'infériorité de

l'armée de terre. Si les drapeaux de la République font infultés par l'Efpagne, affurément ce ne fera point fur l'océan ; fa fituation fur les deux mers & fes ports, l'ont fait placer parmi les quatre Puiffances qui dominent fur l'humide élément ; mais qu'elle eft éloignée de pouvoir marcher de front avec fes pompeufes & puiffantes compagnes. Ses Bâtimens font en général mal organifés, leur marche eft d'une péfanteur extrême, les agrets, les mâtures font d'un travail miférable ; fes Canons fondus avec le cuivre du Méxique, éclatent quelquefois comme les mortiers d'Allemagne, & fes plus beaux Vaiffeaux lui furent vendus par l'Angleterre & la Hollande. Ce n'eft point que l'Efgne manque de matières propres à la conftruction & à l'armement de fes Flottes, mais l'incapacité, l'indolence & la vanité fe font toujours oppofées aux progrès de cette partie des arts.

Ajoutez à ces triftes devéloppemens, la pénible fituation des finances, la pénurie du tréfor, les dettes dont il eft obéré, la modicité des revenus du Prince qui n'eft qu'un riche Seigneur, malgré les énormes tributs du Pérou, tributs qui s'épuifent entre les mains des receveurs, qui s'écoulent par des canaux étrangers & dont une légere portion ne parvient dans

les coffres du Roi , qu'à travers les rapines
& les brigandages.

Une des plus mauvaifes combinaisons du miniftère Espagnol , et dont il doit sentir aujour-
dhui l'inconféquence , est d'avoir , depuis la
derniere guerre tourné tous fes efforts du côté
de l'Afrique. Là , dans un pays aride , sous un
climat brûlant, il facrifiait fans ceffe des troupes
et l'épargne du fisc pour conferver le rocher
d'Oran et le bourg de Ceuta. Comment , se
peut-il que cette Puiffance ait fi long-tems
combattu dans ces déferts sans motifs réels ,
qu'elle ait formé des entreprifes toujours infruc-
tueufes contre le Schérif qu'elle pouvoit écraser
d'un coup. Formoit-elle fes foldats à la victoire
en excitant leur courage contre des ennemis dont
la discipline n'eft plus celle de l'Europe , dont
les principales armes sont la lance et la flèche ,
et qui combattent en fuyant comme ces peuples
de l'Euphrate dont ils font les enfans. N'avoit-
elle pas plutôt à rougir de fes triomphes. Des
mefures fages, des arrangemens amicales, c'étoit
ce qu'il falloit employer ; quelques dons propres
à flatter l'orgueil du Barbare l'auroient contenu.
D'ailleurs la Cour pouvoit à peu de frais foulever
contre le Schérif, les Bedouins et les peuples du
Sigilmeffe , toujours prêts à l'attaquer, et lui

donner des inquiétudes interminables. Mais par
une conduite , dont je cherche la raison , des
soldats bien exercés, un choix précieux d'excellens
Officiers , les contributions du Peuple et la gloire
de l'Espagne , tout a fondu et s'est évanoui dans
ces campagnes ridicules.

A tant de foiblesse , se joint la difficulté même
des recrues, cette source où l'on repare les défaites;
les moyens pour les obtenir sont ceux qu'on
employait parmi nous sous le règne des Rois.
Ils sont aussi oppressifs : le Conseil de Castille
se fondoit autrefois sur la désertion de nos soldats,
et ses régimens se recomposoient du débris de
nos bataillons ; mais cette mine a cessé depuis
que la sagesse de nos loix a éloigné les prétextes;
si les périls prochains obligeoient l'Espagne
à renforcer ses armées, comment lever des
troupes dans un pays où à peine se trouvent des
laboureurs, où l'on parcourt des terreins im-
menses qui noffrent pas vingt familles ; que l'on
juge du dénuement de ces malheureuses contrées;
plus de la moitié de l'Espagne présente le spectacle
de la plus hydeuse pauvreté , voyez les deux
Castilles, la Galice, l'Estrémadure et ces déserts
ou s'étend la Sierra moréna ; jamais la charrue
n'a entrouvert le sein de ces provinces ; ces
assertions sont avérées ; en effet, si dans un pays

dont la dimenſion eſt auſſi étendue que la nôtre, on compte à peine dix millions d'hommee, il eſt très aſſuré que cette foible population eſt repartie ſur les côtes, et dans les villes qui approximent les rivières. Cette Péninſule étoit autre-fois diviſée en quatorze Royaumes, ces quatorze partages ont donné beaucoup de nobles , dont le nombre n'eſt point proportioné à celui du peuple qui eſt toujours moindre dans les pays de miſère et d'oppreſſion; ces nobles , s'ils ſe livrent au métier des armes, ne ſeront que des Officiers, et ce n'eſt point le corps des officiers, qui forme la réſerve des Régimens ; l'Eſpagne eſt couverte de moines , de ces hommes cenſés morts dans toute la force de leur exiſtence ; néanmoins, ſouverains abſolus , ils jouiſſent de l'aſſemblage de toutes les autorités : chacun ſe jette dans un corps ſi puiſſant et ſi honoré pour partager ſes immenſes privilèges; que d'hommes utiles perdus au fond des monaſtères ; ce n'eſt point dans ces phalanges pieuſement fainéantes , que l'armée de l'état ira ſolliciter ſes recrues. Une troiſième, quatrième et cinquième cauſe du peu de popula- tion de l'eſpagne, et parconſéquent de la foibleſſe de ſes reſſources pour fournir aux vuides de l'armée , ſe fonde ſur le peu de fécondité des femmes, ſur-tout dans les provinces du midi;

dans le nombre inoui des marchands, et l'émi-
gration continuelle des Citoyens qui vont cher-
cher fur d'autre rives la fortune et leur tombeau,
dans l'expulsion des Maures et des Juifs, expulsion dont on reffent encore fous tous les rapports
les influences funeftes.

Ainfi l'Espagne ne préfente dans tous les
détails de fon gouvernement qu'une détreffe
générale dont il eft facile de pénétrer la cause
en écartant les oppofitions de la nature. Avant
la révolution des peuples, tous les despotes fe
tenoient par la main, et vivoient fraternellement.
Qu'étoit-il befoin, en effet que cette Puiffance
travaillât pendant la paix à fe mettre fur un pied
refpectable ? pouvoit-elle prévoir que par un
renverfement inoui de toute la politique, la
fouveraineté d'un peuple inopinément armé,
viendroit tout à coup lui préfenter la guerre
férieufe d'une Nation provoquée ? l'Efpagne fut
donc furprife, & quand il fallut que fa fierté
defcendit à reconnoitre l'indépendance d'une
République, elle chercha les moyens d'éluder
cette fanction, et ne trouva à oppofer aux armes
et au courage, que le dénuement et la nudité.
La paix des Rois étoit éternelle, malgré quelques
apprêts de guerre : l'Europe gémiffoit fous le
joug de feize ufurpateurs, dont les intèrêts étoient

les mêmes. Chacun de ces tyrans vivoit dans la
plus grande fécurité vis-à-vis l'un de l'autre ; ils
ne pouvoient. être opprimés, puifque tous fe
furveilloient et s'entraidoient mutuellement.
D'alleurs moyennant quelques légères compen-
fations, les guerres et les difputes fe terminoient
ou l'on vouloit ; ce n'etoit que des querelles
concertées qui autorisoient les impôts dont on
grévoit le peuple, et le peuple payoit gaiement
les impôts pourvu que la guerre fut terminée ;
mais le tems et les circonftances ont changé.
La raifon des combats et l'ufage de fes javelots
font devenus autrement férieux ; la Liberté
a jetté la réforme dans tous ces fyftême elle a
demandé à la tyrannie compte de ses infultes,
la tyrannie a voulu s'armer pour répondre, et
lorfqu'il a fallu marcher et fe mettre en mouve-
ment, elle n'a offert qu'un cadavre à motié
rongé.

D'après cet exposé vrai des moyens nuls qu'a
l'Espagne, la République a donc l'espérance de
faciles fuccès, elle peut donc entreprendre de
créer un peuple nouveau à la lumière et de le
rendre à la fouveraineté, mais voyons quelles
difficultés elle trouveroit du côté de la nature
à la réuffite de ses deffeins, et comment elle doit
s'y prendre pour les vaincre.

Les Pyrénées, ces monts accumulés, forment
une barriere insurmontable entre les deux
peuples; on ne trouve que deux ouvertures sur
ses flancs, par où puiffent pénétrer les armées.
l'une du côté de Perpignan présente des routes
étroites, difficiles et protégées par des forts,
l'autre fituée vers Bayonne donne une entrée
facile en Biscaye; fes chemins font auffi magnifi-
que que les chauffées des Romains, mais tortueux,
s'égarant sur la cîme des Monts, & retombant
fubitemeut dans le fond des vallées, ils donnent
aux ennemis une fupériorité décidée; une poi-
gnée de foldats jettés çà & là, une artillerie
bien difpofée fur la tête de ces montagnes,
peuvent tenir en échec une armée fupérieure &
même la détruire à fon gré; il eft donc de
l'intérêt de la République d'agir avec promptitude,
& d'occuper ces hauteurs qui peuvent lui être
fi funeftes. En Novembre 1792, aucune bat-
terie, aucune redoute n'avoit encore été placée
fur ces lieux. Les troupes diftribuées le long de
la Bidaffoa, à Saint-Sebaftien, & dans les envi-
rons, fe préparoient feulement à défendre l'entrée de ces gorges; ces difficultés, néanmoins
peuvent céder à la valeur & à l'activité; mais il
en eft d'autres, qu'il eft fâcheux d'être obligé de
furmonter. Ce font les difpofitions mêmes des

habitans. Une antipathie auſſi ancienne que la
Monarchie , a conſtamment éloigné les Biſcayens & les Catalans des François; la politique
de la Cour échauffoit adroitement cette haîne
nationale , & lorſque les François préparant le
bonheur du monde , recevoit les hommages
de l'univers reconnoiſſant , la grande partie des
Biſcayens & des Catalans ne montra à leur ſuc-
cès qu'une froideur dédaigneuſe. Le Gouvernement ſe propoſoit-il d'envoyer une forte
armée pour couvrir leurs frontières en cas d'in-
vaſion , ils répondoient avec une aſſurance pré-
ſomptueuſe , que leur courage ſeul pouvoit les
protéger. La Biſcaye reçut avec enthouſiaſme
les Prêtres déportés que les navires jettoient
ſur ſes côtes ; elle leur treſſoit des couronnes ,
& les décoroient du nom glorieux de *los ſantos
martyres* , de ſaints martyrs. La Catalogne s'eſt
trouvée dans les même ſentimens : ſi les Catalans ſe ſont montré par fois défenſeurs intrépides de la liberté , s'ils ont repouſſé l'oppreſſion avec ce courage ſi vanté dans l'Hiſtoire ,
leur zèle & leur empreſſement s'éteindroient
bien-tôt , lorſque cette même liberté leur ſeroit
préſentée par des hommes qu'ils croient des re-
belles & des hérétiques. Tel eſt le peu de progrès de la philoſophie & de la raiſon dans ces

peuples, que mordant avec fureur le frein du pouvoir civil, ils se traînent lâchement sous le joug de la tyrannie sacerdotale. Entre les mains des Prêtres, ils seront toujours l'instrument de leur vengeance. Après avoir triomphé des Catalans & des Biscayens, on entre dans les Castilles. Là, se trouvent d'autres ennemis à combattre la nature du pays & sa stérilité, des routes mal tracées, point de rivières, un desert de 30 lieues, des sables profonds, où peut s'abîmer une artillerie pesante. Des Républicains, je le sais, ne s'épouvantent point de ces obstacles ; ils savent braver la nature & ses inutiles remparts, & leur audace s'alimente de dangers, de peines & de privations. Dans le centre de ces campagnes arides, on découvre Madrid, qui s'avance en forme de citadelle ; cette ville peut profiter avantageusement de cette position, & j'ai lieu de soupçonner que par sa situation elle seroit imprenable, si ses derrières n'étoient point entièrement découverts. Dans cette ville, les François trouveront beaucoup d'adorateurs de la divine égalité ; les esprits en général y sont bien disposés, & le moyen le plus sûr pour conquérir ce peuple nouveau, est de lui présenter la liberté avec des dehors favorables à la Reli-

gion, de respecter ses coutumes, de ne point
heurter brusquement ses habitudes, & d'agir
avec cette prudence raisonnée, qui présente des
Citoyens armés de piques & de feux, comme
des libérateurs & des amis.

P. S. *Quand j'écrivis ces observations, deux
Camps venoient de se former sur nos frontières;
& les desseins de la République étoient alors de
tenter une expédition en Espagne.*

F I N.

De l'Imprimerie de BOULARD, rue neuve
Saint-Roch, N°. 156.

www.ingramcontent.com/pod-product-compliance
Lightning Source LLC
Chambersburg PA
CBHW061801040426

42447CB00011B/2412